29 · 10 · 2024

DANA 29.10.2024

© Del texto: Carla Moltó Navarro
© De las fotografías: José Lobeira | @joselobeirafoto
© De esta edición: NPQ Editores
www.npqeditores.com
edicion@npqeditores.com

Primera edición: febrero, 2025
Impreso en España

PEFC

Los papeles que usamos son ecológicos, libres de cloro y proceden de bosques gestionados de manera eficiente.

ISBN: 978-84-10453-48-7
Depósito legal: V-294-2025

CARLA MOLTÓ NAVARRO

29 · 10 · 2024

Es en las noches de diciembre,
cuando el termómetro está a cero,
cuando más pensamos en el sol.

Los miserables,
VÍCTOR HUGO

¡Qué maravilloso es que nadie necesite
esperar ni un solo momento antes de
empezar a mejorar el mundo!

El diario de Ana Frank,
ANA FRANK

Si la gente simplemente ama a los demás solo un poco,
pueden ser muy felices.

Germinal,
ÉMILE ZOLA

PRÓLOGO

"El 29 de octubre de 2024 se produjo el desbordamiento de varios ríos y barrancos y una serie de inundaciones que fueron especialmente catastróficas en la provincia de Valencia".

El 29 de octubre de 2024 con el desbordamiento del barranco, el mundo se deshizo ante nuestros ojos. Íbamos a vivir algo que nunca pensé que me pudiese tocar de semejante manera.

El caudal desbocado, arrastrando todo a su paso, incesante, no se nos llevó a mí y a los míos por delante por lo que ahora se me antojan puros golpes de suerte, porque pienso en unos minutos más, unos kilómetros más, y la historia hubiera sido muy diferente.

Nuestro "río de Picanya", que alguna vez fue testigo silencioso de nuestro día a día, se transformó en un monstruo incontenible que engulló todo lo que encontró a su paso, incluyendo más de doscientas vidas. Las calles que conocíamos, los recovecos que recorríamos mudaron en kilómetros de agua y lodo, inabarcables.

Las casas de amigos y vecinos, sus muros, los muebles, utensilios, enseres, todo cuanto imaginar, ahora eran nada más que fragmentos flotantes o escombros acumulados en las calles para tratar de seguir sacado el agua y el fango de las casas.

Los días después del desastre fueron una amalgama de silencio, de miradas perdidas y de incertidumbre y lágrimas que susurra historias de pérdidas personales, de familias separadas, de vidas interrumpidas.

Sin embargo, en medio de la devastación, florecen pequeños gestos de resistencia, de amor, de lucha.

El poemario que ahora tienes entre tus manos nace de estos días de caos, de incertidumbre, de pérdidas irremediables, pero también de esperanza, resiliencia y solidaridad.

Nace de la voluntad de dejar algo palpable de lo que vivimos tantos valencianos, ya que el ser humano tiende a la desmemoria. Cada palabra, cada verso, quiere reflejar el dolor, la angustia, la indignación, las tragedias, pero también el agradecimiento de quienes quedamos intentando reconstruir lo que el agua nos robó.

1.

El tiempo, en su lento navegar,
se disuelve en el barro y la tristeza
y lo que era un futuro es ya pasado,
una memoria flotante, indefensa.

2.

El tiempo se curva, se hace silencio,
cada segundo se ahoga en la corriente
y las casas, como barcos, se alejan
llevándose consigo todo lo presente.

3.

Valencia se disuelve, la ciudad se estira
en un río sin fin, sin orillas,
y el tiempo suspendido
se olvida de sí mismo, se arrastra
y se pierde.

4.

La ciudad se ahoga en su propia memoria,
el agua arrastra sus días y sus noches.
Los relojes ya no saben qué hora es,
se han confundido con la furia del río.
Las horas, antes fieles y seguras,
ahora son sombras que se cruzan
y se arrastran por el barro
como fantasmas que buscan su luz.

5. Un haiku

Agua que arrastra,
el cielo llora gris,
camino perdido.

6.

En la tierra donde el sol abraza,
Valencia herida, calles de barro,
figura distante en medio del llanto,
¿qué sabes de penas, de tierras arrasadas,
de recuerdos quebrados?
Un símbolo antiguo que el tiempo desmorona
mientras el pueblo grita furioso y cansado.
Resuena el eco en la oscuridad profunda
y el pueblo perdura, desafiando a la muerte.

7.

Como sombras que no saben de luz
nos dejaron el naufragio de sus mentiras,
perdiendo más que un vínculo:
perdiendo el alma.

8.

No basta la sangre para ser leal
ni el lazo para ofrecer consuelo,
y, entre los que más debiese ser moral,
se ahoga el cariño,
como el pueblo bajo el temporal.

9.

No se trata de heroínas lejanas
sino de mujeres con palas en las manos
que, con sudor y alma, remendaron la vida
y con su presencia ganaron la partida.

10.

Mujeres que llegaron, valientes, despiertas,
de cada rincón, cruzaron las venas
de un país que olvida a veces su historia,
se alzaron de nuevo, desafiando a la memoria.

No son frágiles flores ni tembloroso canto,
ni deben su fuerza al llanto ni al encanto,
son el grito que nunca se apaga,
la raíz que en la tierra, fuerte, encalla.

Sin miedo al barro, ni al agua que arrastra,
alzan la voz, y la pala que basta
para romper mitos que aún las atenazan,
y en su lucha, el alma de un pueblo renace.

Ellas no temen, no son el sexo débil,
son la resistencia que todo lo da, invencibles.

11.

En la tormenta la casa se ahoga,
las aguas suben, la esperanza se escurre,
el suelo se quiebra y en el abismo se hunde
la familia distante,
como un eco que se desvanece.

12.

Cuando las aguas se llevan el hogar
las madres son el puerto seguro,
el abrazo que calma el miedo.
El viento grita, el barro consume,
pero ellas como faros siempre iluminan
el abismo.

13.

Ahora la lluvia canta un lamento
y el viento lleva nombres perdidos
pero quién dará cuenta de esta herida,
quién pagará por los muertos.

14.

Se llevó el río las horas, las calles, los rostros
y la vida, con una corriente furiosa
arrastró todo lo que conocíamos y amábamos.
Valencia entera se convirtió en abismo.

15.

El aviso llegó tarde, el desastre ya manchaba
las calles, los coches, las vidas segadas.
El agua tragó lo que quedó en el alma
y la ciudad entera, entre el barro, marcha.

16.

A hablar vengo de una mentira,
lema histórico que torció en frase vacía,
creación de ineptos o maquiavélicos
que clavan puñales en la memoria del pueblo.
Gritan que los políticos son todos iguales,
que sólo el pueblo salva al pueblo,
y en la consigna rota se pudre
la esperanza de los obreros.
Yo pregunto: de quién son los muertos
que arrastra el agua, quien disuelve
lo público, lo que es de todos y dice:
cada cual se apañe, salvase quien tenga,
olvidando a los que siempre caen primero.
A quién medio pueblo estorba,
los catalanes, los vascos, las insumisas incómodas,
los migrantes a quien injuriar aún con barro en la ropa
y las manos aún sin lavar.
Quién se alza adalid de la concordia,
cuando por dentro es todo espinas y hielo
y cuando el alma del pueblo grita su miseria:
¡Ahora no toca!
Pero la mano levantada, la bandera de un ruin orgullo,
ya está lista:
¡España cristiana! vocean,
usando nuestros muertos, nuestra miseria y necesidad
como carne de cañón
para su guerra de siempre.

17.

Este es su esfuerzo, su gesto heroico,
un brillo de oro en medio del pánico.

18.

El cabello aparta con tal devoción,
como si la gloria diera solución
a las aguas que arrastraron la tierra
y el pueblo, desbordado, se hunde y se cierra.

19.

Hoy el lodo aún marca nuestra senda,
las casas caen y el alma se encomienda.
Pero por una llovizna, ¿es que os retorcéis?
El culo os pica y ya no sabéis qué queréis.
¿No era que otros debían cargar con la culpa?
Ahora la prisa os arrastra y os sepulta,
hoy que el agua apenas roza el suelo,
el pánico crece y el miedo os consuela.

20.

En la quietud de un pueblo en ruinas
donde el agua arrastró sueños y casas,
tú, amiga mía, eres luz entre sombras,
un logro que brilla en medio de la nada.
Hoy no celebramos con bailes o vino
pero si con el alma que sigue intacta,
porque, aunque el mundo a tu alrededor se caiga,
tu victoria no se ahoga, no se aplasta.
La inundación borró rostros y caminos
pero no puede arrastrarnos tus pasos firmes.

21.

Hoy no hay fiestas ni aplausos que suenen,
sólo el rugir del agua y el eco de la pena,
y en tus ojos el brillo de un logro
se mezcla con la niebla de esta tragedia.

22.

A ti que llegas entre aguas enfangadas
con las manos tendidas hacia la tierra rota
y el alma como un faro que ilumina
el camino perdido de quienes naufragan.

A ti, mujer, que no temes al barro,
que ofreces tus manos, tu voz, tu risa,
tejes despeinada la esperanza y curas
la herida que no se ve.

A ti, inmigrante, que llegas sin nombre
y aun así entregas tu calor, tu aliento,
como si fueses desde siempre parte de este suelo,
como si el dolor ajeno fuera tuyo.

Tu brazo se une al de los jóvenes
que empujan las olas de la desdicha
y, entre risas y abrazos, resucitan,
reconstruyen un mundo que han conquistado.

A ti, que traes un plato, una manta,
como quien lleva un trozo de cielo,
a ti, que no mides lo que das,
que das más de lo que puedes,
como si el hambre no te fuera ajena,
a los ojos que te miran con gratitud.

A ti, que desde lejos ofreces
lo que no se ve, lo que no se toca
y, aunque el dinero no se menciona,
en tu corazón hay un torrente de regalos.

Todo es parte de esta marea
que inunda pero no ahoga,
tantas almas que se vuelcan,
que son balsas, que rescatan sueños,
y la esperanza, con las manos abiertas,
camina un día más por la tierra de Valencia.

23.

Más que un Estado fallido,
un imbécil al mando,
un zopenco que aún no entiende
la tragedia que ha dejado
y se pasea aún por entre el pueblo
sin dimitir, sin ser juzgado.
De lo acontecido hace cinco años
tres muertos fueron y hoy
más de doscientas vidas segadas,
por la ineptitud, para más inri.
Pero no queda ahí la cosa
sino que se evidencia
dieciséis días después
con actuación fina
que nadie necesita nada ni a nadie
ni pitos, ni flautas, solo el varapalo
de un desastre que ya no les arde.
La sangría de ese día,
aún hay quien lo duda,
fue por estupidez e indiferencia
de a quien más le valió la comilona
mientras el pueblo se ahoga y espera.
Cuando quiso reaccionar el botarate
ya era tarde, la herida ya estaba hecha,
los que caen nunca les importan,
la fiesta sigue y la vida se quema.

24.

Gastar en prestigio, derrochar en excesos,
sin pensar que el país es más que un lujo,
es un esfuerzo, un compromiso, un progreso
que se pierde cuando el rico se evade y huye.

25.

Tras la riada que arrasó el tiempo
el pueblo sumido en el barro
se despliega, lento, como un suspiro
de aquel ayer que ya no tiene nombre.
Las casas, como viejas sombras, callan
y el río, que antes contaba historias,
hoy es un hueco mudo.
En las calles las miradas se disuelven
como polvo que el viento acaricia.
El hombre, con sus manos desgastadas,
quiere regresar al sol de siempre,
pero el campo ya no guarda el mismo verde
y las voces se oyen con la misma prisa.
Algo se ha perdido en cada rincón
y la esperanza se mide en pasos largos.
Ahora, en el camino hacia el horizonte,
se alza el deseo de ver lo que se fue,
de sentir bajo los pies de nuevo la tierra firme,
la senda segura.
Dejamos atrás las huellas del desastre,
los murmullos del pasado aún hieren,
nos alejamos para abrazar lo simple,
para abrazarnos al sol, la vida que sigue.

26.

Dejé atrás el pueblo hundido en el barro,
el eco de los gritos ahogados en el agua,
las casas que ya no son más que un esqueleto
y el polvo, que se lleva el nombre de los muertos.

Caminé sin rumbo, los pies arrastrando ruinas,
la huella de un desastre que aún late en mi piel,
pero el aire que no lleva pesares,
se cuela entre árboles enteros que nada susurran.

Al llegar a la ciudad, el ritmo es otro,
la gente ajena entre coches y prisas,
y en su prisa nada parece haber cambiado
mientras el ruido del día oculta el tiempo roto.

El suelo aquí es firme, sin huellas de nada,
y las voces se pierden entre las multitudes.
El aire está limpio, no huele a desesperanza
y la gente sigue sin ver las infinitas heridas.

Las noticias hablan de tragedias lejanas
pero las palabras se desvanecen pronto
como si el dolor fuese un suspiro
que se olvida al caer la tarde.

Y aunque el sol se oculta en cielos serenos
mis ojos aún ven los rastros de la ruina,
pertinaces, obstinados,
arrastrando el alma de quien ya no camina.

27.

Cada noche el susurro del agua
se desliza bajo mis párpados cerrados,
es un canto grave, de miedo y muerte
que me llama, que me arrastra sin tregua.
Cerrar los ojos en un pacto roto,
visiones inquietantes se hacen hueco
en cada rincón de mis pupilas.
Despierto entre sollozos y temores,
el manto de la noche aún sobre mí,
como si el agua no hubiera huido
y mi cama fuera un islote perdido
en medio del caos que no cesa.

28.

Cierro los ojos y la tierra resuena,
y el río sin fin, sin orillas,
vuelve en cada sueño.
con el mismo estruendo, con la misma furia.
Mis manos tiemblan al despertar
y el corazón se aprieta,
el barro aún se cuela por mis sueños,
y cada noche el agua vuelve a tocarme
con su fría, siniestra mano.

29.

Cuando en la oscuridad, la noche callada,
habiendo el río su furia ya desbordado,
son las casas ruinas quebradas y
el pueblo por entero está devastado,
quién, en su alma vacía y tan fría,
se atreve a despojar lo que apenas queda.
Aprovecha el dolor, la desgracia ajena
como ave de rapiña limpiando huesos,
en las calles enfangadas tu huella
es la más sucia.

30.

No hay prisa, no hay retorno inmediato
a lo que era, a lo que fue, a lo que soñaste.
El barro se adhiere al alma
y la tristeza se cuela en los rincones
de lo que alguna vez fue un hogar.
Cada cosa perdida,
cada objeto que flotó y luego desapareció,
es un resto lejano de un tiempo más simple.
No pidas que el sol regrese rápido,
la reconstrucción no es solo de paredes,
es también del corazón que ha quedado desnudo.
No apresures la risa ni el paso,
porque el dolor tiene su propio tiempo,
cada uno guarda un abismo distinto.
No todo sanará con prisa ni todo
se entiende al mismo ritmo.
No es que no queramos reír,
es que necesitamos entendernos,
el tiempo se estira y se retuerce
como el cauce de un río que ya
no es el mismo.

31.

¿Quién canta cuando el sol ya no brilla?
¿Quién recuerda el paso humano
cuando el río es dueño de las calles?
La poesía, aún en el dolor, se hace memoria,
tensa como el hilo de la vida que se salva,
la virtud en la caja cuando los males acaecen.
Los rostros borrados, los recuerdos, la tristeza
quedan guardados en las líneas
de un poema que fluye

como el agua que arrastra lo perdido,
pero también lo que nunca se olvida.
Y mientras el viento sopla sobre las ruinas,
la poesía, desgarrada,
sigue naciendo
como un rescate,
como un último refugio,
frente a la furia del mundo.

AGRADECIMIENTOS

Quiero agradecer a mi familia, especialmente a mis padres Carlos y Conchin, el inmenso regalo que me hicieron en la infancia acercándome a este maravilloso mundo.

Por no escatimar nunca en libros y nunca pensar que tal vez otro regalo iba a ser más apropiado.

A mi padre, particularmente, por uno de los recuerdos que atesoro con más cariño: los momentos de lectura antes de dormir.

A todas las personas que creyeron alguna vez que podía ser escritora.

A Rafa Alemany, por devolverme al camino unas semanas antes de aquellos días fatídicos. Sin aquella conversación quizás hubiesen quedado en eso: unos días fatídicos y nada más.

Al equipo Sargantana: Paz, Rubén, Raquel, por convertir un manuscrito en una libreta destrozada en esta preciosidad. Por su amabilidad y buen hacer.

A José Lobeira por aportar su mirada impactante para ilustrar este poemario.

Y a los voluntarios, que inspiraron algunos de los poemas que más me gustan dentro de esta pequeña obra.